Maggi

Maggi®

KOCHSTUDIO

Nudelspaß

Nudelgerichte für die ganze Familie

Tre Torri

Inhalt

Vorwort

Ob Groß oder Klein, Jung oder Alt – Nudeln kommen bei allen an. Und sind dabei so vielseitig, dass es dem Genießer nie langweilig wird.

Nudeln als Hauptgericht, als Beilage zu Fisch, Fleisch und Geflügel, als Salate, Suppen und Gratins oder festlich gefüllt … zaubern Sie mit unseren Rezepten leckere Nudelgerichte einfach und schnell!

Im neuen Buch aus dem Maggi Kochstudio haben wir für Sie die ganze Vielfalt der modernen Nudelküche aus Deutschland und der Welt zusammengestellt.

Außerdem finden Sie viel Interessantes zum Thema Nudeln und Co: Geschichte, Sorten und Zubereitung. Wertvolle Ernährungsinformationen liefern Ihnen die neuen Maggi Ernährungsplus-Symbole.

Viel Kochspaß und Genuss rund um die Nudel wünscht

Ihre

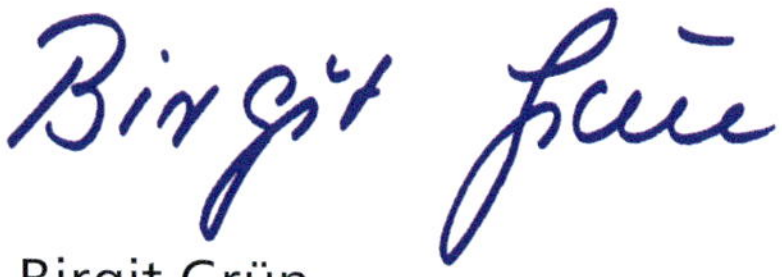

Birgit Grün
Leitung Maggi Kochstudio
hilft, berät, gibt Tipps

Kennen Sie die Ernährungsplus-Symbole schon?

Ernährungsplus-Symbole – so heißen unsere neuen Infopunkte, die Ihnen jetzt immer öfter begegnen werden. Auf Maggi Produkten, vor allem aber in unseren Rezepten.
Zum Beispiel bei Rezepten, die laut den Empfehlungen der Deutschen Gesellschaft für Ernährung (kurz: DGE) besonders »fettarm« oder »vegetarisch« sind.
Aber sehen Sie selbst, welche unterschiedlichen Ernährungsplus-Symbole es gibt und für was sie stehen:

Bei dem Ernährungsplus-Symbol **»fettarm«** können Sie sicher sein, dass höchstens 30 % der Gesamtkalorien des Gerichtes aus Fett stammen (Rechenhilfe zum Nachprüfen: 1g Fett liefert rund 9 kcal).

Dieses Ernährungsplus-Symbol findet sich bei Rezepten mit **reinem Sonnenblumenöl**. Dieses ist cholesterinfrei, reich an Vitamin E und besitzt einen hohen Gehalt an der essenziellen Fettsäure Linolsäure.

Für alle, die auf Fleisch verzichten möchten: Rezepten mit dem Ernährungsplus-Symbol »vegetarisch« liegt eine »ovolacto-vegetabile Rezeptur« zugrunde (also rein aus pflanzlichen Zutaten, Milcherzeugnissen und Eiern).

Dieses Ernährungsplus-Symbol findet sich bei Rezepten, die je nach Mahlzeit 7–9 g **Ballaststoffe** enthalten und damit einen echten Beitrag dazu leisten, die täglich empfohlene »Ballaststoffration« von 30 g zu erreichen.

Das Ernährungsplus-Symbol **»kalorienarm«** findet sich bei Rezepten, die pro Portion nicht mehr als 450 kcal enthalten.

Was Sie wissen sollten!

Die Geschichte der Nudel

Wer die Nudel erfunden hat, ist bis heute ungeklärt. Angeblich stammen die ersten Nudelrezepte aus China. Doch es gibt auch Quellen, die auf Nudelgerichte in der griechischen Antike hinweisen. Und in etruskischen Gräbern fand man Abbildungen von Geräten zur Nudelherstellung.

Ernährungsforscher glauben, dass die Nudel zur gleichen Zeit in verschiedenen Gebieten der Erde erfunden wurde. Die Herstellung von Nudeln scheint eng mit dem Leben des Menschen als Ackerbauer zusammenzuhängen. Erst mit dem Wissen, dass aus geschrotetem Getreide Mehl wird und dieses vermischt mit Wasser einen Teig ergibt, konnte es zur Erfindung der Nudel kommen. Der Begriff »Nudel« leitet sich von dem lateinischen Wort »Nodus« für Knoten ab, was wiederum auf das »Teig kneten« verweist.

Auf die Idee, Nudeln zu trocknen und haltbar zu machen, kamen vermutlich die Araber. Sie sollen dazu Teigstränge um Holzstäbe gewickelt haben. Im 9. Jahrhundert brachten sie diese Methode nach Sizilien, von wo aus sie sich in ganz Italien verbreitete.

Durch die großen Handelshäuser wurden die Nudeln schließlich um 1600 auch in Deutschland bekannt. Zuerst bereiteten die Hausfrauen den Teig selbst zu, später übernahmen die Bäcker diese Aufgabe. Mit Beginn des 19. Jahrhunderts gewann die Nudelherstellung in Manufakturen an Bedeutung, etwa fünfzig Jahre später setzte die industrielle Produktion ein.

Nudeln richtig kochen

Für 500 g Nudeln benötigt man etwa 3 l Wasser und 1 EL Salz. Wenn das Wasser sprudelnd kocht, erst das Salz und dann die Nudeln hineingeben und kräftig umrühren, damit die Nudeln nicht verkleben.

Öl oder Butter sollten Sie nicht ins Nudelwasser geben, da dann die Soße schlechter an den Nudeln haftet. Um ein Verkleben der Nudeln zu vermeiden genügt es, gelegentlich umzurühren.

Die fertig gegarten Nudeln über einem Sieb abgießen. Das Sieb sollte aus Kunststoff sein, an Metallsieben kleben die Nudeln fest. Sie brauchen die Nudeln nur dann mit kaltem Wasser abzuschrecken, wenn Sie einen Salat daraus zubereiten möchten.

Halten Sie die auf der Packung angegebene Kochzeit möglichst genau ein. Am besten 1 bis 2 Minuten vor Ende der empfohlenen Garzeit die Nudeln probieren. Die Nudeln sollten »bissfest« sein, dann nehmen sie die Soße am besten auf. Die Italiener bezeichnen dies mit »al dente«, was sich vom italienischen Wort für Zahn herleitet. Gemeint ist, dass die Nudeln noch Biss haben, also den Zähnen noch einen leichten Widerstand entgegensetzen.

Grundsätzlich gilt die Regel: Die Gäste warten auf die Nudeln, nicht die Nudeln auf die Gäste!

Nudeln aufwärmen

Nudeln vom Vortag können Sie problemlos auf verschiedene Arten aufwärmen:

- Über Wasserdampf: Die Nudeln in ein Sieb geben und über einen Topf mit kochendem Wasser hängen.
- In kochendem Wasser: Wasser aufkochen und Nudeln für ca. 2 Minuten (je nach Stärke der Nudeln) darin erhitzen.
- In der Soße: Die Soße in einem Topf oder Pfanne zubereiten, Nudeln zugeben und erhitzen, bis sie heiß sind.
- In Öl / Butter schwenken: In einem Topf etwas Butter oder Öl heiß werden lassen und darin die Nudeln braten.

Die Mikrowelle ist nicht empfehlenswert, da die Nudeln austrocknen und verkleben. Falls Sie nicht darauf verzichten möchten, sollten Sie vor dem Aufwärmen einige Tropfen Wasser über die Nudeln träufeln oder mit einem angefeuchteten Küchenpapier abdecken.

Nudeln und Gesundheit

Nudeln sind reich an Kohlenhydraten und enthalten wenig Fett. Deshalb sind sie beliebte Energielieferanten, insbesondere für Ausdauersportler. Außerdem steckt in Nudeln viel pflanzliches Eiweiß und sie sättigen sehr gut, da die enthaltene Stärke leicht verdaulich ist und langsam vom Körper aufgenommen wird.

Eiernudeln sind zudem reich an tierischen Proteinen, haben aber auch mehr Fett. Vollkornnudeln wiederum enthalten viele Ballaststoffe, was die Darmaktivität anregt.

Lagerung

Rohe, getrocknete Nudeln können Sie bis zu 3 Jahren lagern, wenn Sie sie trocken, dunkel und gut verschlossen aufbewahren. Gemüseteigwaren und Vollkornnudeln sind etwa 12 Monate haltbar.

Gekochte Nudeln lassen sich in einer verschlossenen Schüssel im Kühlschrank 2 bis 3 Tage und in der Tiefkühltruhe bis zu 6 Monate aufbewahren. Lassen Sie die Nudeln Zimmertemperatur annehmen, bevor sie kühl gestellt oder eingefroren werden.

Nudelkunde

Man unterscheidet Eiernudeln und Hartweizennudeln, wobei die meisten Nudelsorten aus 100 % Hartweizengrieß bestehen. Speziell in Deutschland sind allerdings auch Eiernudeln sehr beliebt. Die Eier verfeinern nicht nur den Geschmack, sondern geben den Nudeln auch eine goldgelbe Farbe.

Bunte Nudeln entstehen durch färbende Zutaten: Spinat macht die Nudeln grün und durch Tomaten werden sie rot.

In Asien werden häufig Glasnudeln verwendet. Sie werden aus der Stärke von Hülsenfrüchten wie beispielsweise Soja- oder Mungobohnen hergestellt.

Der größte Teil der Nudeln kommt getrocknet in den Handel, ein geringer Teil wird frisch angeboten.

Nudeln aus Hartweizengrieß werden nach kurzen und langen Sorten unterschieden oder auch nach ihrer glatten oder gerillten Oberfläche unterteilt. Es wäre unmöglich, alle Nudelsorten aufzuzählen, deshalb hier nur einige im Überblick:

- Lange Nudeln: stäbchen- und röhrenförmige Teigwaren wie Spaghetti, Spaghettini und Capellini, Maccheroni, Tagliatelle und Linguine
- Kurze Nudeln: Farfalle, Penne, Cellentani, Eliche, Tortiglioni, Gnochi und Gabelletti
- Suppennudeln: besonders kleine Formen wie Sternchen, Buchstaben, Muscheln und Fadennudeln
- Gefüllte Nudeln: Ravioli, Tortellini und Maultaschen

Welche Nudelsorte Sie verwenden, bleibt Ihrem Geschmack überlassen. Als Grundregel gilt jedoch: Je großstückiger und würziger die Zutaten, desto größer bzw. dicker sollten die Nudeln sein. Umgekehrt gilt: Je feiner die Soße, desto dünner die Nudeln.

Mengen pro Portion

Die folgenden Angaben geben Ihnen einen ungefähren Anhaltspunkt, welche Mengen Sie einkalkulieren sollten, wenn Sie getrocknete Teigwaren verwenden:

- als Vorspeise: 50 g
- als Hauptgericht: 100 g
- als Beilage: 75 g
- für Salat: 100 g
- für Suppen: 40 g

Warmer Pennesalat mit Zuckerschoten

8 Portionen

Zubereitungszeit:	25 Min.
400 g BUITONI Penne Lisce	nach Anweisung auf der Packung zubereiten. In eine Schüssel geben.
1 Zwiebel	schälen und in kleine Würfel schneiden.
1 Paprikaschote, grün	waschen, Kerne und weiße Innenhäute entfernen und in Streifen schneiden.
100 g Parmaschinken	in ca. 2 cm dicke Streifen schneiden.
200 g Cocktailtomaten	waschen und in Viertel schneiden.
200 g Zuckerschoten	putzen, waschen und schräg halbieren.
1/2 Bund Basilikum	waschen, Blättchen von den Stielen zupfen und klein schneiden.
	In einem Topf
1 l Wasser	zum Kochen bringen. Die Zuckerschoten ca. 3 Min. darin kochen. Anschließend abgießen und kalt abschrecken.
	In einem Topf
200 ml Wasser	heiß werden lassen.
1 TL MAGGI Klare Gemüsebrühe	darin auflösen. Die Salatzutaten mit der Brühe mischen.
1 EL Weißweinessig	zugeben. Mit
Pfeffer	würzen und abschmecken. Den Salat warm servieren.

Tipp: Der Salat kann auch kalt serviert werden.

MAGGI KOCHSTUDIO Ernährungsinfo:	Fettarmes Rezept, Kalorienarm — *Je Portion: B: 930 kJ (219 kcal) N: E 9 g, KH 40 g, F 1 g*

Gestreifter Nudelsalat

8 Portionen

Zubereitungszeit:	25 Min.
400 g BUITONI Spaghetti	nach Anweisung auf der Packung zubereiten. Abgießen und abkühlen lassen. In eine Schüssel geben.
1 Zucchini	putzen, waschen und in sehr dünne Streifen schneiden.
2 Paprikaschoten rot und gelb	waschen, Kerne und weiße Innenhäute entfernen und in sehr dünne Streifen schneiden.
½ Bund Basilikum	waschen, die Blättchen von den Stielen zupfen und klein schneiden. Alles zu den Nudeln geben.
	In einer Schüssel
1 ½ TL THOMY Delikatess-Senf, 5 EL Essig 1 TL Honig 10 EL THOMY Reines Sonnenblumenöl	verrühren. Die Salatzutaten mit der Salatsoße mischen. Mit
MAGGI Würzmischung 6 – Pasta & Pizza	würzen und abschmecken. Ca. 1 Std. ziehen lassen.
50 g Sonnenblumenkerne	in einer Pfanne ohne Fett goldbraun rösten. Den Salat mit den Sonnenblumenkernen garniert servieren.
	Zubereitungszeit ohne Standzeit.
MAGGI KOCHSTUDIO Ernährungsinfo:	mit Sonnenblumenöl · Vegetarisch *Je Portion:* *B: 1540 kJ (367 kcal)* *N: E 8 g, KH 39 g, F 19 g*

Ricciolisalat mit Chicorée

6 Portionen

Zubereitungszeit:	40 Min.
400 g BUITONI Riccioli	nach Anweisung auf der Packung zubereiten. Abgießen und abkühlen lassen. In eine Schüssel geben.
2 Orangen	mit einem Messer schälen, dabei die weiße Haut entfernen und Spalten aus den Trennhäuten schneiden.
2 Chicorée	putzen, waschen, den Strunk entfernen und in Streifen schneiden.
150 g Gouda, alt	in Würfel schneiden.
150 g Weintrauben, blau	waschen, halbieren und entkernen.
50 g Sonnenblumenkerne	in einer Pfanne ohne Fett goldbraun rösten und für die Garnitur zur Seite stellen.
	In einer Schüssel
200 ml THOMY Salat-Genuss Yogo Dressing	
3 EL Zitronensaft	und
1 EL Zucker	verrühren. Die Salatzutaten mit der Salatsauce mischen. Mit
Kräuter Fondor	würzen und abschmecken.
	Den Salat auf Tellern anrichten und mit Sonnenblumenkernen bestreut servieren.
MAGGI KOCHSTUDIO Ernährungsinfo:	*Je Portion:* *B: 2142 kJ (512 kcal)* *N: E 18 g, KH 66 g, F 18 g*

Rustikaler Nudelsalat

6 Portionen

Zubereitungszeit: 25 Min.

	In einem Topf
250 g BUITONI Farfalle	nach Anweisung auf der Packung zubereiten, abgießen und abkühlen lassen.
150 g Schinken, gekocht	in Streifen schneiden.
1/2 Salatgurke	putzen, waschen, schälen, der Länge nach halbieren, Kerne mit einem Löffel entfernen und in Scheiben schneiden.
1 Dose (150 g) Mais	abtropfen lassen.
1 Glas (250 ml) THOMY Remoulade	mit
150 ml Milch	und
1 TL THOMY Delikatess-Senf	verrühren.
	Die Salatzutaten mit der Salatsauce mischen. Mit
Pfeffer a. d. Mühle	würzen und abschmecken.

Tipp: Statt gekochten Schinken können Sie zwei Wiener Würstchen verwenden.

MAGGI KOCHSTUDIO
Ernährungsinfo:

Je Portion:
B: 2200 kJ (528 kcal)
N: E 13 g, KH 36 g, F 36 g

Bärlauch-Nudelsalat mit Putenbrust

Foto

4 Portionen

Zubereitungszeit:	30 Min.
	In einem Topf
2 l Wasser	zum Kochen bringen.
1 EL MAGGI Bouillon Mediterranea	darin auflösen.
200 g BUITONI Farfalle	zugeben und nach Anweisung auf der Packung zubereiten. Nudeln abgießen und 3 EL Kochflüssigkeit auffangen.
200 g Putenbrust, geräuchert	in Streifen schneiden.
100 g Gouda, 30 % Fett i. Tr.	in Streifen schneiden.
30 g Bärlauch	putzen, waschen und fein hacken. Alle Zutaten zu den Nudeln geben.
	In einer Schüssel
1 Becher (à 150 g) Crème fraîche	und
150 ml Milch	mit 3 EL Kochwasser verrühren und mit
Pfeffer	würzen und abschmecken, über die Salatzutaten geben und gut mischen.
2 EL Walnusskerne	grob hacken, in einer Pfanne ohne Fett rösten und über den Salat streuen.
	MAGGI Bouillon Mediterranea jetzt neu als Granulés – immer streubar & sofort löslich!
MAGGI KOCHSTUDIO Ernährungsinfo:	*Je Portion:* *B: 2180 kJ (518 kcal)* *N: E 26 g, KH 40 g, F 28 g*

Meerrettich-Salat mit Farfalle

6 Portionen

Zubereitungszeit:	20 Min.
400 g BUITONI Farfalle	nach Anweisung auf der Packung zubereiten. Abgießen und abkühlen lassen. In eine Schüssel geben.
400 g Fleischwurst	häuten und in Streifen schneiden.
7 Gewürzgurken	abtropfen lassen und in Würfel schneiden. Mit der Fleischwurst zu den Nudeln geben.
3 EL THOMY Meerrettich, a. d.Glas	
3 EL Gurkenwasser	und
1 Glas (250 ml) THOMY Joghurt Salat-Creme	verrühren. Über die Salatzutaten geben. Mit
Kräuter Fondor	und
Pfeffer, schwarz, a. d. Mühle	würzen und abschmecken.
1 Kästchen Kresse	mit einer Schere abschneiden.

Den Salat auf Tellern anrichten und mit der Kresse bestreut servieren.

MAGGI KOCHSTUDIO
Ernährungsinfo:

Je Portion:
B: 2432 kJ (580 kcal)
N: E 18 g, KH 56 g, F 31 g

Nudelsalat mit Thunfisch und Rucola

6 Portionen

Zubereitungszeit:	20 Min.
250 g BUITONI Gabelletti	nach Anweisung auf der Packung zubereiten, abtropfen und abkühlen lassen.
1 Dose (210 g) Thunfisch, naturell	abtropfen lassen und mit einer Gabel grob zerpflücken.
4 Tomaten	waschen, den Blütenansatz entfernen und in Würfel schneiden.
30 g Rucola	putzen, waschen und in mundgerechte Stücke zerpflücken.
1 Glas (250 ml) THOMY Gourmet-Remoulade	mit
150 ml Milch	verrühren. Die Salatzutaten mit der Sauce mischen und durchziehen lassen. Mit
Pfeffer a. d. Mühle	und
Salz	würzen und abschmecken. Mit
4 EL Parmesan, frisch gehobelt	bestreut servieren.

Servieren Sie dazu Baguette.

MAGGI KOCHSTUDIO Ernährungsinfo:

Je Portion:
B: 2015 kJ (482 kcal)
N: E 14 g, KH 35 g, F 31 g

Zitronensuppe mit Tortelloni

Foto

4 Teller

Zubereitungszeit:	20 Min.
	In einem Topf
1 l Wasser	zum Kochen bringen.
1 Würfel MAGGI Klare Hühner Suppe	darin auflösen.
½ Zitrone, unbehandelt	heiß waschen und die Schale fein abreiben. Mit
2 EL Zitronensaft	in die Hühnersuppe geben.
1 Packung (250 g) BUITONI Fresco Tortelloni Ricotta e Spinaci	zugeben und 4–5 Min. bei geringer Wärmezufuhr kochen lassen. Die Suppe in Teller anrichten und mit
4 EL Basilikumblätter, gehackt	garniert servieren.

Tipp: Ersatzweise können Sie auch getrocknete Tortelloni verwenden. Bereiten Sie diese dann in der MAGGI Klaren Hühnersuppe nach Packungsanweisung zu.

MAGGI KOCHSTUDIO Ernährungsinfo:

Je Teller:
B: 1005 kJ (224 kcal)
N: E 6 g, KH 33 g, F 8 g

Grüne Sommer-Nudelsuppe

4 Teller

Zubereitungszeit:	35 Min.
150 g Zuckerschoten	putzen und waschen.
1 Zwiebel	schälen und in kleine Würfel schneiden.
3 Stängel Petersilie	waschen und klein schneiden.
2 EL Sonnenblumenkerne	in einer Pfanne ohne Fett goldbraun rösten.

	In einem Topf
2 EL THOMY Reines Sonnenblumenöl	heiß werden lassen und die Zwiebel darin andünsten.
1 1/4 l Wasser	zugießen und zum Kochen bringen.
2 Beutel MAGGI Meisterklasse Broccoli-Cremesuppe	mit dem Schneebesen einrühren und zum Kochen bringen.
150 g BUITONI Tagliatelle Verdi	in ca. 10 cm lange Stücke brechen. Zusammen mit den Zuckerschoten zugeben und ca. 5 Min. kochen.
150 g Spinat, tiefgefroren	und
150 g Erbsen, tiefgefroren	zugeben und weitere 3 Min. kochen lassen.
	In Tellern anrichten und mit Petersilie und Sonnenblumenkernen garniert servieren.
MAGGI KOCHSTUDIO Ernährungsinfo:	Kalorienorm · Vegetarisch — *Je Teller: B: 1702 kJ (405 kcal) N: E 14 g, KH 48 g, F 16 g*

Minestrone mit Nudeln

4 Teller

Zubereitungszeit: 35 Min.

1 Zucchini und
1 Aubergine putzen, waschen und in Würfel schneiden.
1 Zwiebel schälen und in Würfel schneiden.
1 Paprikaschote waschen, Kerne und weiße Innenhäute entfernen und in Würfel schneiden.
1/2 Bund Basilikum waschen, Blättchen von den Stielen zupfen und klein schneiden.

In einem Topf
2 EL THOMY Reines Sonnenblumenöl heiß werden lassen. Gemüse ca. 5 Min. darin andünsten.
1 Dose (425 ml) Tomaten kleinschneiden und zugeben.
1 l Wasser zugießen und zum Kochen bringen.
4 TL MAGGI Bouillon Mediterranea darin auflösen.
200 g BUITONI Gabelletti zugeben und 7 Min. garen.
Mit
Pfeffer, frisch gemahlen würzen und abschmecken.

Die Minestrone in Tellern anrichten und mit Basilikum garniert servieren.

MAGGI KOCHSTUDIO
Ernährungsinfo:

Je Teller:
B: 1234 kJ (292 kcal)
N: E 9 g, KH 44 g, F 7 g

Pasta e Fagioli (Bohnensuppe mit Nudeln)

4 Teller

Zubereitungszeit:	120 Min.
	In einer Schüssel
200 g Bohnen, weiß	in
3 Tassen Wasser, kalt	über Nacht einweichen und abtropfen lassen.
150 g BUITONI Cellentani	nach Anweisung auf der Packung zubereiten und abtropfen lassen.
80 g Speck, durchwachsen und geräuchert	in kleine Würfel schneiden.
	In einem Topf
1 EL Olivenöl	heiß werden lassen und den Speck darin anbraten.
1 Zwiebel	schälen und in kleine Würfel schneiden.
1 Möhre	putzen, waschen, schälen und in Würfel schneiden.
1 Tomate	waschen, den Blütenansatz entfernen und in Würfel schneiden.
1 Stange Staudensellerie	putzen, waschen und in dünne Scheiben schneiden. Das Gemüse kurz mitdünsten. Bohnen dazugeben.
1 1/2 l Wasser	zugießen.
3 TL MAGGI Klare Brühe	darin auflösen. Mit
Pfeffer a. d. Mühle	würzen und abschmecken. Zugedeckt bei geringer Wärmezufuhr 1 1/2 Std. kochen, dabei gelegentlich umrühren. Zum Schluß die Nudeln zugeben, alles heiß werden lassen und mit
1 TL Petersilie, gehackt	und
4 EL Parmesan, gerieben	bestreut servieren.
	Zubereitungszeit ohne Einweichzeit.
MAGGI KOCHSTUDIO Ernährungsinfo:	Kalorienarm — *Je Teller: B: 1354 kJ (321 kcal) N: E 13 g, KH 35 g, F 13 g*

Kichererbsensuppe

4 Teller

Zubereitungszeit:	35 Min.
150 g Möhren	und
100 g Sellerieknolle	putzen, waschen, schälen und in kleine Würfel schneiden.
100 g Lauch	putzen, waschen und in Ringe schneiden.
1 Knoblauchzehe	schälen und in kleine Würfel schneiden.
4 Stengel Majoran	waschen und Blättchen von den Stielen zupfen.
	In einem Topf
2 EL THOMY Sonne & Olive	heiß werden lassen. Knoblauch, Möhren, Sellerie und Lauch ca. 5 Min. darin andünsten.
1 l Wasser	zugießen.
4 TL MAGGI Bouillon Rusticale	darin auflösen.
150 g BUITONI Gabelletti	zugeben und 4 Min. kochen.
1 Dose (425 ml) Kichererbsen	abtropfen lassen, zugeben und weitere 3 Min. kochen.
50 g Bergkäse	reiben.

Suppe in Tellern anrichten und mit Bergkäse und Majoranblättchen garniert servieren.

MAGGI KOCHSTUDIO Ernährungsinfo:

Kalorienarm

Je Teller:
B: 1421 kJ (339 kcal)
N: E 13 g, KH 41 g, F 12 g

Spätzlegratin

Foto

4 Portionen

Zubereitungszeit: 40 Min.

Backofen auf 180 °C vorheizen.
1 Dose (425 ml) Sauerkraut abtropfen lassen.
250 g Spätzle nach Anweisung auf der Packung zubereiten.
200 g Kasseler, roh u. geräuchert in Würfel schneiden.

In einem Topf
400 ml Wasser erwärmen.
2 Beutel MAGGI Lust auf Süden Sauce Quattro Formaggi mit dem Schneebesen einrühren und aufkochen.
100 ml Sahne, süß unterrühren.

In einer Auflaufform Sauerkraut, Kasseler und Spätzle mischen. Die Sauce darüber gießen.
Mit
50 g Käse, gerieben bestreuen und im Backofen ca. 20 Min. backen.

MAGGI KOCHSTUDIO
Ernährungsinfo:

Je Portion:
B: 2336 kJ (559 kcal)
N: E 25 g, KH 52 g, F 27 g

Fenchel-Schinken-Nudelauflauf

6 Portionen

Zubereitungszeit: 55 Min.

Backofen auf 200 °C vorheizen.
300 g BUITONI Cellentani nach Anweisung auf der Packung zubereiten.
200 g Schinken, gekocht in Streifen schneiden.
2 Fenchelknollen putzen, waschen und in dünne Scheiben hobeln.
200 g Camembert in Scheiben schneiden.

	In einem Topf
300 ml Wasser	zum Kochen bringen.
2 Päckchen MAGGI Delikatess Auflauf-Käse-Soße	einrühren und aufkochen lassen.
200 ml Sahne, süß	zugießen.
4 Eier	einrühren.

In eine Auflaufform Nudeln, Fenchel und Schinken lagenweise einschichten und die Soße darüber gießen. Den Camembert darauf legen und im Backofen ca. 35 Min. backen.

MAGGI KOCHSTUDIO Ernährungsinfo:

Je Portion:
B: 2268 kJ (539 kcal)
N: E 27 g, KH 44 g, F 27 g

Nudel-Sauerkraut-Gratin

4 Portionen

Zubereitungszeit: 45 Min.

Backofen auf 200 °C vorheizen.
Die Hälfte von
250 g BUITONI Tortiglioni in eine Auflaufform geben.
1 Zwiebel schälen, in Würfel schneiden.

In einem Topf
1 EL Butter heiß werden lassen und Zwiebel darin glasig dünsten.
1 Dose (300 g) Sauerkraut dazugeben und 5 Min. mitdünsten. Sauerkraut auf den Nudeln verteilen und restliche Nudeln darübergeben.

In einem Topf
800 ml Wasser und
1 Becher (200 ml) Sahne, süß erwärmen.
2 Beutel MAGGI Fix für Nudel-Schinken Gratin einrühren, zum Kochen bringen und 1 Min. kochen. Die Soße über die Sauerkraut-Nudeln gießen und mit
100 g Käse, gerieben bestreuen.

Im Backofen ca. 30 Min. backen.

MAGGI KOCHSTUDIO
Ernährungsinfo:

Je Portion:
B: 2387 kJ (567 kcal)
N: E 18 g, KH 57 g, F 29 g

Nudelauflauf »Hawaii«

4 Portionen

Zubereitungszeit:	35 Min.
	Backofen auf 200 °C vorheizen.
300 g BUITONI Penne Lisce	nach Anweisung auf der Packung zubereiten.
1 Dose (580 ml) LIBBY'S Ananas in Scheiben	abtropfen lassen, dabei den Saft auffangen. Ananas in mundgerechte Stücke schneiden.
200 g Schinken, gekocht	in Streifen schneiden.
	In einem Topf
360 ml Wasser	mit 4 EL Ananassaft heiß werden lassen.
2 Beutel MAGGI Meisterklasse Zubereitung für Curry-Rahmsauce	mit dem Schneebesen einrühren und zum Kochen bringen. Bei geringer Wärmezufuhr 1 Min. kochen. Penne Lisce mit der Soße mischen und in eine Auflaufform geben. Ananas und Schinken darauf verteilen. Mit
100 g Gouda, gerieben	bestreuen und im Backofen ca. 15 Min. backen.
MAGGI KOCHSTUDIO Ernährungsinfo:	*Je Portion:* *B: 2370 kJ (560 kcal)* *N: E 26 g, KH 82 g, F 13 g*

Hühnerfrikassee-Lasagne

4 Portionen

Zubereitungszeit: 85 Min.

Backofen auf 200 °C vorheizen.

1 Suppenhuhn waschen, trocken tupfen

In einem Topf

2 l Wasser zum Kochen bringen.

2 Würfel MAGGI Klare Gemüse Brühe darin auflösen.

Das Suppenhuhn darin bei mittlerer Wärmezufuhr ca. 50 Min. garen. Anschließend herausnehmen. Fond beiseite stellen und das Hühnerfleisch in Würfel schneiden.

250 g Spargel, weiß waschen und schälen.

250 g Spargel, grün waschen, evtl. das untere Drittel schälen. Beide Spargelsorten in 3 cm lange Stucke schneiden.

In einem Topf 600 ml Hühnerbrühe zum Kochen bringen und den weißen Spargel darin ca. 10 Min. garen. Nach 5 Min. Garzeit den grünen Spargel zugeben und mitgaren. Spargel aus der Brühe nehmen.

2 Beutel MAGGI Fix für Puten-Rahm-Schnitzel in die Brühe einrühren und aufkochen lassen. Fleisch und Spargel zur Soße geben.

In einer Auflaufform abwechselnd

20 Blätter BUITONI Lasagne und Frikassee einschichten. Mit Frikassee beginnen und abschließen.

Mit

100 g Gouda, gerieben bestreuen. Im Backofen ca. 30 Min. backen.

MAGGI KOCHSTUDIO Ernährungsinfo:

Je Portion:
B: 4176 kJ (995 kcal)
N: E 53 g, KH 79 g, F 51 g

Amerikanischer Nudelauflauf

4 Portionen

Zubereitungszeit:	45 Min.
	Backofen auf 200 °C vorheizen.
2 Tomaten	waschen, den Blütenansatz entfernen und in Würfel schneiden.
2 Scheiben Frühstücksspeck	in Streifen schneiden.
1 Dose (425 ml) Kidneybohnen	abtropfen lassen.
	In einem Topf
2 EL THOMY Reines Sonnenblumenöl	heiß werden lassen.
500 g Hackfleisch, gemischt	darin anbraten. Frühstücksspeck zugeben und mitbraten.
1 l Wasser	dazu gießen.
2 Beutel MAGGI Fix für Bologneser Gratin	einrühren, zum Kochen bringen und 1 Min. kochen. Die Kidneybohnen zufügen.
300 g BUITONI Eliche	in eine Auflaufform geben, Hackfleischsoße darauf verteilen, so dass die Nudeln mit Soße bedeckt sind. Die Tomatenwürfel darauf verteilen.
1 Becher (200 g) Schmand	glatt rühren und über dem Auflauf verteilen.
100 g Cheddar-Käse, 50 % Fett i. Tr.	reiben und darauf verteilen. Im Backofen ca. 30 Min. backen.

Servieren Sie dazu Möhren- oder Blattsalat.

MAGGI KOCHSTUDIO

Ernährungsinfo: mit Sonnenblumenöl

Je Portion:
B: 3950 kJ (940 kcal)
N: E 48 g, KH 72 g, F 51 g

Lasagne mit Grünkohl und Thüringer Bratwurst

3 Portionen

Zubereitungszeit:	50 Min.
	Backofen auf 200 °C vorheizen.
	In einem Topf
250 ml Wasser	
1/2 TL Fondor	und
1 Packung (450 g) Grünkohl, tiefgefroren	bei mittlerer Hitze zugedeckt auftauen lassen, dann die Kochflüssigkeit – falls erforderlich – weitgehend verdampfen lassen, dabei öfter umrühren. Von
2 Thüringer Bratwürsten	das Brät aus der Pelle drücken und etwas zerkrümeln. In einem Topf
2 EL THOMY Reines Sonnenblumenöl	heiß werden lassen und das Bratwurstbrät darin anbraten.
400 ml Wasser	zugießen.
1 Beutel MAGGI Fix für Lasagne	einrühren und zum Kochen bringen. Bei geringer Wärmezufuhr ca. 5 Min. kochen, dabei gelegentlich umrühren.
1 Knoblauchzehe	schälen, in kleine Würfel schneiden und unter den Grünkohl geben. Mit
MAGGI Würzmischung 2 – Gemüse & helle Soßen	würzen und abschmecken. In eine flache Auflaufform abwechselnd Fleischsoße, Grünkohl und
6 Blätter BUITONI Lasagne	einschichten. Mit Soße und Gemüse beginnen und abschließen.
100 g Sahne, sauer	glattrühren und darüber verteilen. Mit
50 g Emmentaler, gerieben	bestreuen. Im Backofen ca. 30 Min. goldbraun backen.

MAGGI KOCHSTUDIO
Ernährungsinfo:

Je Portion:
B: 2502 kJ (596 kcal)
N: E 29 g, KH 36 g, F 37 g

Lasagne-Taschen

4 Portionen

Zubereitungszeit:	55 Min.
	Backofen auf 200 °C vorheizen.
2 l Wasser	in einem großen Topf zum Kochen bringen.
20 Blätter BUITONI Lasagne	darin portionsweise ca. 10 Min. kochen, herausnehmen und gut abtropfen lassen.
	In einem Topf
500 ml Wasser	erwärmen.
2 Beutel MAGGI Lust auf Süden Sauce Napolitana	mit einem Schneebesen einrühren. Unter Rühren zum Kochen bringen.
300 g Hackfleisch, gemischt	mit
150 g Mais	und
100 ml MAGGI Internationale Würzsauce Texicana Salsa	vermischen. Mit
MAGGI Würzmischung 1 – gebratenes Fleisch	würzen.
	Die Lasagneblätter halbieren. Die Ränder mit
1 Eigelb	bestreichen, in die Mitte 1 EL Hackfleisch-Mischung geben und zusammenklappen. An den Seiten fest zusammendrücken.
	Eine Auflaufform mit
1 TL THOMY Reines Sonnenblumenöl	einfetten. Die Lasagne-Taschen dachziegelartig einschichten. Die Sauce darüber gießen.
200 g Mozzarella	in Würfel schneiden und darüber verteilen. Im Backofen ca. 15 Min. backen.
MAGGI KOCHSTUDIO Ernährungsinfo:	*Je Portion:* *B: 3169 kJ (752 kcal)* *N: E 38 g, KH 86 g, F 28 g*

Gratinierte Nudelschnecken

4 Portionen

Zubereitungszeit:	50 Min.
	Backofen auf 200 °C vorheizen.
2 l Wasser	mit
Fondor	zum Kochen bringen.
12 Blätter BUITONI Lasagne	darin portionsweise ca. 5 Min. vorgaren. Herausnehmen und gut abtropfen lassen.
300 g Spinat, gehackt, tiefgefroren	auftauen lassen und ausdrücken.
100 g Schinken, roh	in kleine Würfel schneiden und zusammen mit
2 TL MAGGI Würzmischung 6 – Pasta & Pizza	unter den Spinat mischen. Die Lasagneblätter längs halbieren. Jeweils 1 EL Füllung darauf verteilen und von der schmalen Seite beginnend aufrollen. Die Rollen nebeneinander in eine Auflaufform (Durchmesser ca. 22 cm) stellen.
2 Tomaten	waschen, den Blütenansatz und die Kerne entfernen und in Achtel schneiden. Die Tomatenachtel zwischen die Nudelschnecken stecken.
	In einem Topf
500 ml Wasser	erwärmen.
1 Doppelpackung MAGGI Delikatess Auflauf-Käse-Soße	mit dem Schneebesen einrühren und 1 Min. kochen.
50 g Butter	zugeben und schmelzen lassen.
2 EL Basilikumblätter, gehackt	unterrühren. Die Soße über die Nudelschnecken gießen. Mit
50 g Mozzarella, gerieben	bestreuen und im Backofen ca. 25 Min. garen.
	Servieren Sie dazu einen Tomatensalat.
MAGGI KOCHSTUDIO Ernährungsinfo:	*Je Portion:* *B: 1756 kJ (417 kcal)* *N: E 16 g, KH 42 g, F 20 g*

Bunter Tortelliniauflauf

Foto

4 Portionen

Zubereitungszeit: 50 Min.

Backofen auf 200 °C vorheizen.

1 Paprikaschote, grün waschen, Kerne und weiße Innenhäute entfernen und in Würfel schneiden.

1 Dose (425 ml) Mais abtropfen lassen.

Paprika, Mais und **2 Packungen (à 250 g) BUITONI Fresco Tortelloni Ricotta e Spinaci** in einer Auflaufform mischen.

In einem Topf **500 ml Wasser** erwärmen.

1 Doppelpackung MAGGI Delikatess Auflauf-Käse-Soße mit dem Schneebesen einrühren und 1 Min. kochen.

50 g Butter zugeben und schmelzen lassen.

2 EL THOMY Tomadoro Tomatenmark unterrühren. Die Soße über die Zutaten gießen.

Mit **50 g Mozzarella, gerieben** bestreuen und im Backofen ca. 30 Min. garen.

Servieren Sie dazu einen Tomatensalat.

MAGGI KOCHSTUDIO
Ernährungsinfo:

Je Portion:
B: 2931 kJ (668 kcal)
N: E 18 g, KH 78 g, F 34 g

Nuss-Auflauf

4 Portionen

Zubereitungszeit: 35 Min.

Backofen auf 200 °C vorheizen.

300 g BUITONI Eliche tricolore nach Anweisung auf der Packung zubereiten.

200 g Nüsse, gemischt in einer Pfanne ohne Fett ca. 5 Min. rösten. Die Nüsse aus der Pfanne nehmen und grob hacken.

400 g Mangold putzen, waschen, den Strunk entfernen und in Streifen schneiden.

In einem Topf

500 ml Wasser zum Kochen bringen.

1 Doppelpackung MAGGI Delikatess Auflauf-Käse-Soße mit einem Schneebesen einrühren und aufkochen lassen.

Nudeln, Mangold und Nüsse abwechselnd in eine Auflaufform einschichten und die Soße darüber gießen.

200 g Ziegenfrischkäse (in Rollenform) in Scheiben schneiden und auf dem Auflauf verteilen.

Im Backofen ca. 15 Min. backen.

Tipp: Statt Ziegenfrischkäse können Sie auch geriebenen Emmentaler verwenden.

MAGGI KOCHSTUDIO
Ernährungsinfo:

Je Portion:
B: 3460 kJ (822 kcal)
N: E 31 g, KH 70 g, F 46 g

Nudel-Auflauf mit Knusperkruste

3 Portionen

Zubereitungszeit: 50 Min.

	Den Backofen auf 200 °C vorheizen.
200 g BUITONI Eliche	nach Anweisung auf der Packung zubereiten.
400 g Broccoli	putzen, waschen, in Röschen teilen.
1 Knoblauchzehe	schälen und durchpressen.
	In einem Topf
20 g Butter	heiß werden lassen und Gemüse und Knoblauch darin 10 Min. dünsten.
375 ml Wasser	und
3 EL Sahne, süß	zugießen.
1 Beutel MAGGI Fix für Kartoffel Gratin	einrühren und zum Kochen bringen.
2 Tomaten	waschen, den Blütenansatz entfernen und in Würfel schneiden. Mit den Nudeln in die Sauce geben und mischen. In eine hohe Auflaufform geben. Mit
50 g Gouda, gerieben (45 % Fett i. Tr.)	und
2 EL Paniermehl	bestreuen und im Backofen ca. 25 Min. backen.

MAGGI KOCHSTUDIO Ernährungsinfo:

Je Portion:
B: 2239 kJ (531 kcal)
N: E 18 g, KH 63 g, F 22 g

Maccheroni Topf Toskana

3 Portionen

Zubereitungszeit:	40 Min.
200 g BUITONI Maccheroni	nach Anweisung auf der Packung zubereiten, abtropfen lassen.
1 Aubergine	putzen, waschen, der Länge nach in Viertel und in Würfel schneiden.
1 Fenchelknolle	putzen, waschen, harte Fäden abziehen, in Viertel schneiden und in Würfel schneiden.
1 Knoblauchzehe	schälen, in kleine Würfel schneiden.
	In einem Topf
20 g Butter	heiß werden lassen, Aubergine und Fenchel darin andünsten, mit
1 TL MAGGI Würzmischung 7 – Gebratenes & Gegrilltes	würzen, Knoblauch zugeben.
250 ml Wasser	zugießen und
1 Beutel MAGGI Fix für Spaghetti Napoli	einrühren, zum Kochen bringen und 5 Min. kochen. Maccheroni zugeben, mischen und heiß werden lassen. Mit
30 g Parmesan, gerieben	garniert servieren.
MAGGI KOCHSTUDIO Ernährungsinfo:	Fettarmes Rezept · Kalorienarm · Vegetarisch *Je Portion:* *B: 1750 kJ (414 kcal)* *N: E 14 g, KH 63 g, F 11g*

Tagliatelle mit roten Linsen und Aceto Balsamico

4 Portionen

Zubereitungszeit:	25 Min.
100 g Speck, durchwachsen u. geräuchert	in kleine Würfel schneiden.
4 Frühlingszwiebeln	putzen, waschen und in Ringe schneiden.
	In einer Pfanne
1 EL THOMY Reines Sonnenblumenöl	heiß werden lassen und den Speck darin anbraten.
500 ml Wasser	zugießen.
2 TL MAGGI Bouillon Rusticale	darin auflösen.
150 g Linsen, rot	zugeben und zugedeckt ca. 15 Min. bei mittlerer Wärmezufuhr garen. Frühlingszwiebeln zugeben und ca. 2 Min. garen.
100 g Crème fraîche	unterrühren.
	Mit
MAGGI Würzmischung 6 – Pasta & Pizza	und
3 EL Aceto Balsamico	würzen und abschmecken.
400 g BUITONI Tagliatelle	nach Anweisung auf der Packung zubereiten.
	Die Tagliatelle mit der Sauce auf Tellern anrichten und servieren.

MAGGI KOCHSTUDIO
Ernährungsinfo: Fettarmes Rezept

Je Portion:
B: 2808 kJ (666 kcal)
N: E 25 g, KH 94 g, F 20 g

Bunte Gemüsespaghetti mit Petersiliensauce

4 Portionen

Zubereitungszeit:	50 Min.
300 g Möhren	putzen, waschen und schälen.
300 g Zucchini	putzen und waschen. Beides in lange, dünne Streifen schneiden, die wie Spaghetti aussehen.
2 Zwiebeln, klein	schälen und in kleine Würfel schneiden.
	In einem Topf
2 l Wasser	mit
2 TL MAGGI Klare Gemüsebrühe (Glas)	und
2 EL THOMY Sonne & Olive	zum Kochen bringen.
250 g BUITONI Spaghetti	zusammen mit den Möhren- und Zucchinistreifen ca. 6 Min. kochen, abgießen, das Kochwasser dabei auffangen.
	In einem Topf
2 EL THOMY Sonne & Olive	heiß werden lassen und die Zwiebel darin andünsten.
200 ml Kochwasser	und
50 ml Sahne, süß	zugießen.
1 Päckchen MAGGI Delikatess Feine helle Soße Holländische Art	einrühren und aufkochen.
1 Ecke (62,5 g) Schmelzkäse	darin schmelzen.
1/2 Bund Petersilie	waschen und klein schneiden. Einige Blätter für die Garnitur zur Seite stellen. Petersilie in die Sauce geben und mit dem Schneidestab pürieren. Mit
1 TL Zitronensaft	und
Pfeffer, frisch gemahlen	würzen und abschmecken.

Mit der Sauce einen Saucenspiegel auf Teller gießen, die Gemüsespaghetti darauf anrichten und mit Petersilienblättchen garniert servieren.

MAGGI KOCHSTUDIO
Ernährungsinfo:

Je Portion:
B: 2140 kJ (510 kcal)
N: E 14 g, KH 58 g, F 24 g

Nudel-Gemüse-Omelett

6 Portionen

Zubereitungszeit:	45 Min.
	Backofen auf 200 °C vorheizen.
300 g BUITONI Maccheroni	nach Anweisung auf der Packung zubereiten.
200 g Tomaten	waschen, den Blütenansatz entfernen und in Viertel schneiden.
1 Paprikaschote, gelb	waschen, Kerne und weiße Innenhäute entfernen und in Würfel schneiden.
1 Stange Lauch, klein	putzen, waschen und in Ringe schneiden.
100 g Gouda, mittelalt	in Würfel schneiden.
	In einer Schüssel
6 Eier	mit
200 ml Sahne, süß	verquirlen. Mit
Muskat	und
MAGGI Würzmischung 6 – Pasta & Pizza	würzen.
	In einer backofengeeigneten Pfanne
2 EL THOMY Reines Sonnenblumenöl	heiß werden lassen. Paprikaschote, Tomaten und Lauch bei geringer Wärmezufuhr ca. 1 Min. andünsten. Nudeln und Gouda zugeben und die Eier-Sahne-Mischung darüber gießen. Zugedeckt ca. 30 Min. im Backofen backen.

MAGGI KOCHSTUDIO Ernährungsinfo:

Je Portion:
B: 1947 kJ (463 kcal)
N: E 20 g, KH 40 g, F 24 g

Penne Rigate mit Blauschimmel-Paprikasoße

4 Portionen

Zubereitungszeit:	30 Min.
2 Zwiebeln	schälen und in Würfel schneiden.
2 Paprikaschoten, rot	waschen, Kerne und weiße Innenhäute entfernen und in Streifen schneiden.
200 g Blauschimmelkäse	in Würfel schneiden.
200 ml Sahne	steif schlagen.
3 EL Kürbiskerne	in einer Pfanne ohne Fett rösten und herausnhemen.
2 EL THOMY Reines Sonnenblumenöl	in der Pfanne heiß werden lassen. Zwiebeln und Paprikaschoten bei mittlerer Wärmezufuhr ca. 4 Min. dünsten.
300 ml Wasser	zugießen.
1 TL MAGGI Klare Gemüsebrühe (Glas)	einrühren. Blauschimmelkäse zugeben und die Sahne unterheben.
400 g BUITONI Penne Rigate	nach Anweisung zubereiten.

Penne Rigate mit der Soße auf Tellern anrichten und mit den Kürbiskernen bestreut servieren.

MAGGI KOCHSTUDIO
Ernährungsinfo:

Je Portion:
B: 3523 kJ (837 kcal)
N: E 28 g, KH 80 g, F 45 g

Muschelnudeln mit Erdnuss-Sauce

Foto

4 Portionen

Zubereitungszeit:	35 Min.
400 g BUITONI Gnocchi	nach Anweisung auf der Packung zubereiten.
1 Zwiebel	schälen und klein schneiden.

1 Peperoni	waschen, Kerne und weiße Innenhäute entfernen und in Streifen schneiden.
1/2 Bund Koriander	waschen, Blättchen von den Stielen zupfen und klein schneiden.
200 g Erdnüsse, ungesalzen	in einer Pfanne ohne Fett ca. 5 Min. goldbraun rösten. Anschließend grob hacken. In der Pfanne
3 EL Erdnusscreme	heiß werden lassen. Zwiebeln zugeben und darin ca. 5 Min. dünsten.
500 ml Wasser	zugießen.
2 Päckchen MAGGI Helle Soße	einrühren und zum Kochen bringen. Peperoni, Erdnüsse und Koriander zugeben.
2 EL Zitronensaft	zufügen und mit
Pfeffer, schwarz, a. d. Mühle	würzen und abschmecken.

Die Nudeln mit der Erdnuss-Sauce mischen und servieren.

MAGGI KOCHSTUDIO
Ernährungsinfo: Vegetarisch

Je Portion:
B: 3469 kJ (824 kcal)
N: E 29 g, KH 87 g, F 40 g

Nudelpuffer mit Zucchini und Tomaten

4 Portionen

Zubereitungszeit:	50 Min.
	Backofen auf 200 °C vorheizen.
	Aus
50 ml Milch	
2 Eiern	
50 g Weizenvollkornmehl	und
MAGGI Würzmischung 6 – Pasta & Pizza	einen Teig zubereiten.
300 g BUITONI Spaghetti	nach Anweisung auf der Packung zubereiten, abtropfen lassen und unter den Teig mischen. Die Spaghetti-Eimasse als kleine Nester von ca. 6 cm Durchmesser auf ein mit
1 Stück Backpapier	ausgelegtes Backblech setzen und im Backofen ca. 5 Min. stocken lassen.
400 g Zucchini	putzen, waschen und in kleine Würfel schneiden.
	In einem Topf
1 l Wasser	mit
1 Prise Salz	zum Kochen bringen und die Zucchiniwürfel darin ca. 1 Min. blanchieren. Auf einem Sieb abtropfen lassen.
2 Fleischtomaten	waschen, den Blütenansatz entfernen und in Würfel schneiden.
1 Beutel MAGGI Fix für Tomaten-Zucchini-Gratin	in
125 ml Wasser	einrühren und die Tomaten- und Zucchiniwürfel unterheben. Die Masse in die Nudelnester füllen und mit
50 g Parmesan, gerieben	bestreuen. Im Backofen ca. 10 Min. backen.
½ Bund Basilikum	waschen, Blättchen von den Stielen zupfen. Die Nudelpuffer damit garniert servieren.

MAGGI KOCHSTUDIO Ernährungsinfo:

Fettarmes Rezept

Je Portion:
B: 2142 kJ (507 kcal)
N: E 22 g, KH 71 g, F 14 g

Gefüllte Paprika »Gabelletti«

4 Portionen

Zubereitungszeit:	40 Min.
	Backofen auf 200 °C vorheizen.
150 g BUITONI Gabelletti	nach Anweisung auf der Packung zubereiten.
1 Knoblauchzehe	schälen und in kleine Würfel schneiden.
10 Oliven, grün (entsteint)	und
10 Oliven, schwarz (entsteint)	in Scheiben schneiden.
1 EL Kapern	klein schneiden.
4 Paprikaschoten, rot	waschen, Deckel abschneiden, Kerne und weiße Innenhäute entfernen.
	In einem Topf
600 ml Wasser	zum Kochen bringen.
1 Beutel MAGGI Meisterklasse Tomatensuppe Gärtnerinnen Art	mit einem Kochlöffel einrühren. Unter Rühren aufkochen und bei geringer Wärmezufuhr 15 Min. kochen. Dabei gelegentlich umrühren. Mit
Pfeffer, schwarz, a. d. Mühle	würzen und abschmecken.
	In einer Schüssel Nudeln, Knoblauch, Oliven und Kapern mit der Hälfte der Suppe mischen. Die Mischung in die Paprikaschoten füllen und in eine Auflaufform setzen. Restliche Suppe dazu gießen.
200 g Schafskäse	fein zerbröseln und über den Paprikaschoten verteilen.
	Im Backofen ca. 20 Min. backen.

MAGGI KOCHSTUDIO
Ernährungsinfo:

Kalorienarm

Je Portion:
B: 1737 kJ (412 kcal)
N: E 17 g, KH 43 g, F 18 g

Spaghetti mit Gemüseragout

3 Portionen

Zubereitungszeit:	35 Min.
300 g Möhren	putzen, waschen, schälen und in Würfel schneiden.
1 Zwiebel	schälen und in kleine Würfel schneiden.
150 g Champignons, frisch	putzen und in Viertel schneiden.
	In einer Pfanne
2 EL THOMY Reines Sonnenblumenöl	heiß werden lassen. Gemüse darin andünsten.
200 ml Wasser	zugießen.
1 TL MAGGI Klare Gemüsebrühe (Glas)	darin auflösen und ca. 5 Min. kochen.
150 g Erbsen, tiefgefroren	zugeben.
1 Beutel MAGGI Lust auf Süden Sauce alla Panna	einrühren und aufkochen lassen.
2 EL Zitronensaft	zufügen.
400 g BUITONI Spaghetti	nach Anweisung auf der Packung zubereiten.
	Die Nudeln mit dem Gemüseragout auf Tellern anrichten. Mit
100 g Parmesan, frisch gerieben	bestreut servieren.

MAGGI KOCHSTUDIO
Ernährungsinfo:

Je Portion:
B: 3528 kJ (837 kcal)
N: E 33 g, KH 117 g, F 25 g

Tagliatelle mit Fenchel und Austernpilzen

4 Portionen

Zubereitungszeit:	40 Min.
500 g Fenchel	putzen, waschen und in Streifen schneiden.
300 g Austernpilze	putzen und klein schneiden.
	In einem Topf
2 EL Butter oder Margarine	heiß werden lassen, Pilze und Fenchel darin dünsten.
200 ml Wasser	zugießen, zum Kochen bringen und
1/2 Würfel MAGGI Klare Gemüse Brühe	darin auflösen. 10 Min. kochen und
100 g Crème fraîche	zufügen. Mit
Pfeffer	würzen und abschmecken. Mit
1 EL MAGGI Soßenbinder für helle Soßen	binden.
250 g BUITONI Tagliatelle Verdi	(Grüne Bandnudeln) nach Anweisung auf der Packung zubereiten, abgießen.
1 Tomate	waschen, den Blütenansatz entfernen und in Würfel schneiden.

Die Nudeln mit Sauce mischen und auf Tellern anrichten. Mit den Tomatenwürfeln garniert servieren.

Servieren Sie dazu einen Eisbergsalat.

MAGGI KOCHSTUDIO Ernährungsinfo: Kalorienarm, Vegetarisch

Je Portion:
B: 1735 kJ (411 kcal)
N: E 13g, KH 54g, F 15g

Penne mit grünen Bohnen in Senf-Sahne-Sauce

4 Portionen

Zubereitungszeit:	40 Min.
600 g Bohnen, grün	putzen, waschen und in Stücke brechen.
	In einem Topf
2 l Wasser	zum Kochen bringen und
1/2 Würfel MAGGI Klare Gemüse Brühe	darin auflösen.
1 EL Bohnenkraut	zugeben und die Bohnen darin 12 Min. kochen.
300 g BUITONI Penne Rigate	zugeben und weitere 6 Min. kochen, abgießen und gut abtropfen lassen.
	Für die Sauce:
1 Zwiebel	schälen und in kleine Würfel schneiden.
	In einer Pfanne
1 EL Butter	heiß werden lassen. Die Zwiebeln darin andünsten.
125 ml Wasser	und
200 ml Sahne, süß	zugießen, zum Kochen bringen und
1/2 Würfel MAGGI Klare Gemüse Brühe	darin auflösen.
2 EL THOMY Delikatess-Senf, a. d. Tube	und
1 EL Senfkörner	unterrühren.
	Die Sauce mit den vorbereiteten Nudeln mischen und auf Tellern anrichten.
MAGGI KOCHSTUDIO Ernährungsinfo:	*Je Portion:* *B: 2157 kJ (510 kcal)* *N: E 15 g, KH 64 g, F 21 g*

Tagliatelle mit Spargelsahne

Foto

4 Portionen

Zubereitungszeit: 30 Min.

250 g Spargel, tiefgefroren weiß und
250 g Spargel, tiefgefroren grün auftauen lassen und in ca. 3 cm lange Stücke schneiden.
3 Stängel Petersilie waschen und klein schneiden.

In einem Topf
250 ml Wasser heiß werden lassen.
1 Beutel MAGGI Meisterklasse Cremesuppe Spargelduett mit dem Schneebesen einrühren. Unter Rühren zum Kochen bringen und bei geringer Wärmezufuhr 3 Min. kochen. Dabei gelegentlich umrühren. Den Spargel zugeben und ca. 5 Min. weiter kochen.
100 ml Sahne, süß steif schlagen und unterheben.
400 g BUITONI Tagliatelle nach Anweisung auf der Packung zubereiten.

Die Tagliatelle mit der Sauce auf Tellern anrichten und servieren.

MAGGI KOCHSTUDIO
Ernährungsinfo:

Fettarmes Rezept

Je Portion:
B: 2148 kJ (509 kcal)
N: E 15 g, KH 81 g, F 13 g

Nudeln mit Artischocken-Sauce und Minze

4 Portionen

Zubereitungszeit: 30 Min.

500 g Babyartischocken putzen, die Stiele abschneiden, das obere Drittel der Artischocken abschneiden und die zähen Außenblätter entfernen. Artischocken halbieren, die strohigen Blütenfäden mit einem TL herauskratzen (ist bei sehr kleinen Artischocken nicht nötig). Artischocken in sehr dünne Scheiben schneiden. (Sie können auch 1 Glas (350 ml) Artischockenherzen verwenden).

2 Knoblauchzehen	schälen und in kleine Würfel schneiden.
	In einer Pfanne
3 EL THOMY Sonne & Olive	heiß werden lassen. Artischocken und Knoblauch bei geringer Wärmezufuhr ca. 6 Min. dünsten.
1 TL Zitronensaft	und
250 ml Wasser	zugießen.
1 Beutel MAGGI Lust auf Süden Sauce Quattro Formaggi	einrühren, unter Rühren zum Kochen bringen.
4 EL Sahne, süß	unterrühren.
1/2 Bund Minze	waschen, Blättchen von den Stielen zupfen und kleinschneiden.
500 g BUITONI Penne Rigate	nach Anweisung auf der Packung zubereiten.
	Die Penne Rigate mit der Artischocken-Sauce und der Minze mischen und auf Tellern anrichten.

MAGGI KOCHSTUDIO
Ernährungsinfo:

mit Ballaststoffen · Fettarmes Rezept

Je Portion:
B: 2782 kJ (660 kcal)
N: E 19 g, KH 99 g, F 20 g

Pasta mit Tomaten-Zucchini-Soße

3 Portionen

Zubereitungszeit:	25 Min.
250 g BUITONI Tortiglioni	nach Anweisung auf der Packung zubereiten.
1 Zucchini	putzen, waschen, halbieren und in Scheiben schneiden.
150 g Champignons, frisch	putzen und in Scheiben schneiden.
	In einem Topf
2 EL THOMY Reines Sonnenblumenöl	heiß werden lassen. Die Zucchini- und Champignonscheiben darin andünsten.
375 ml Wasser	und
125 ml Weißwein	zugießen und zum Kochen bringen.
1 Doppelpackung MAGGI Delikatess Tomatensoße	einrühren und bei geringer Wärmezufuhr ca. 1 Min. kochen. Die Soße mit den Nudeln anrichten.
	Servieren Sie diese Soße zu Pasta, gebratenem Fisch oder gebratenen Hähnchenbrustfilets.
MAGGI KOCHSTUDIO Ernährungsinfo:	*Je Portion:* *B: 2179 kJ (517 kcal)* *N: E 14 g, KH 76 g, F 14 g*

Spaghetti mit Möhrensauce

4 Portionen

Zubereitungszeit:	40 Min.
500 g Möhren	putzen, waschen, schälen und in Scheiben schneiden.
1 Zwiebel	schälen und in Würfel schneiden.
1 Knoblauchzehe	schälen und durchpressen.
	In einem Topf
2 EL Butter	heiß werden lassen. Zwiebel, Knoblauch und
60 g Pinienkerne	darin andünsten.
	Möhren und
350 ml Orangensaft	zugeben. Bei geringer Wärmezufuhr ca. 20 Min. garen.
1 Päckchen MAGGI Delikatess Currysoße	einrühren und einmal aufkochen. Mit einem Schneidstab pürieren.
400 g BUITONI Spaghetti	nach Anweisung auf der Packung zubereiten.
	Die Spaghetti mit der Sauce auf Tellern anrichten und mit
2 EL Petersilie, fein gehackt	garniert servieren.
MAGGI KOCHSTUDIO Ernährungsinfo:	Fettarmes Rezept · Vegetarisch — *Je Portion:* *B: 2539 kJ (601 kcal)* *N: E 17 g, KH 92 g, F 17 g*

Linguine mit Radicchio

4 Portionen

Zubereitungszeit: 25 Min.

1 Kopf Radicchio	putzen, waschen und in Streifen schneiden.
200 g Schinken, gekocht	in dünne Streifen schneiden.
1 Bund Salbei	waschen, trocken tupfen und die Blättchen von den Stielen zupfen
	In einem Topf
10 EL THOMY Reines Sonnenblumenöl	heiß werden lassen. Die Salbeiblättchen bei mittlerer Wärmezufuhr ca. 5 Min. frittieren und anschließend auf Küchenpapier abtropfen lassen.
	In einer Pfanne
2 EL THOMY Reines Sonnenblumenöl	heiß werden lassen. Radicchio und Schinken ca. 3 Min. andünsten. Dabei gelegentlich umrühren.
200 ml Wasser	zugießen.
1 Beutel MAGGI Lust auf Süden Sauce Quattro Formaggi	einrühren, aufkochen und ca. 3 Min. kochen lassen. Dabei gelegentlich umrühren.
4 EL Sahne, süß	unterrühren und heiß werden lassen.
400 g BUITONI Linguine	nach Anweisung auf der Packung zubereiten.

Die Linguine mit der Sauce auf Tellern anrichten und servieren.

MAGGI KOCHSTUDIO
Ernährungsinfo:

Perfektes Rezept

Je Portion:
B: 3582 kJ (857 kcal)
N: E 24 g, KH 79 g, F 49 g

Schweinefilet mit Mohnnudeln

4 Portionen

Zubereitungszeit:	45 Min.
400 g Prinzessbohnen	putzen und waschen.
100 g Speck, durchwachsen u. geräuchert	in Würfel schneiden.
	In einem Topf
1 EL THOMY Reines Sonnenblumenöl	heiß werden lassen. Speckwürfel ca. 3 Min. anbraten. Prinzessbohnen zugeben und ca. 4 Min. dünsten. Mit
MAGGI Würzmischung 2 – Gemüse & helle Soßen	würzen und abschmecken.
600 g Schweinefilet	waschen, häuten und in ca. 1,5 cm dicke Scheiben schneiden. Mit
MAGGI Würzmischung 7 – Gebratenes & Gegrilltes	würzen.
	In einer Pfanne
2 EL THOMY Reines Sonnenblumenöl	heiß werden lassen. Schweinemedaillons von beiden Seiten jeweils ca. 5 Min. braten. Fleisch herausnehmen und warmstellen.
250 ml Wasser	in der Pfanne heiß werden lassen.
1 Päckchen MAGGI Delikatess Rahmsoße zu Braten	mit dem Schneebesen einrühren und 1 Min. kochen.
2 EL Weinbrand	zufügen.
300 g BUITONI Tagliatelle	nach Anweisung auf der Packung zubereiten und abtropfen lassen.
	In einer Pfanne
30 g Butter	heiß werden lassen.
20 g Mohn	zugeben und die Nudeln darin schwenken.
	Nudeln, Bohnen und Fleisch mit der Soße auf Tellern anrichten und servieren.
MAGGI KOCHSTUDIO Ernährungsinfo:	*Je Portion:* *B: 3199 kJ (762 kcal)* *N: E 49 g, KH 61 g, F 33 g*

Riccioli mit dicken Bohnen

4 Portionen

Zubereitungszeit:	25 Min.
500 g BUITONI Riccioli	nach Anweisung auf der Packung zubereiten.
1 Dose (425 ml) Bohnen, weiß	abtropfen lassen.
150 g Speck, durchwachsen u. geräuchert	in Würfel schneiden.
2 Zwiebeln	schälen und in kleine Würfel schneiden.
2 Stengel Bohnenkraut	waschen und klein schneiden.
	In einer Pfanne
2 EL THOMY Reines Sonnenblumenöl	heiß werden lassen. Speck darin anbraten. Zwiebeln zugeben und mitbraten.
500 ml Wasser	zugießen und zum Kochen bringen.
1 Doppelpackung MAGGI Delikatess Tomatensoße	einrühren und aufkochen lassen. Die Bohnen mit dem Bohnenkraut zugeben.
	Die Nudeln mit der Soße auf Tellern anrichten und mit
50 g Parmesan, frisch gerieben	bestreut servieren.

MAGGI KOCHSTUDIO
Ernährungsinfo: Fettarmes Rezept

Je Portion:
B: 3447 kJ (817 kcal)
N: E 31 g, KH 111 g, F 27 g

Spaghetti mit Paprika-Salami und Cocktailtomaten

Foto

4 Portionen

Zubereitungszeit: 35 Min.

400 g BUITONI Spaghetti nach Anweisung auf der Packung zubereiten.
2 Zwiebeln schälen und in Würfel schneiden.
300 g Cocktailtomaten waschen und halbieren.
200 g Paprikasalami in Würfel schneiden.
50 g Parmesan reiben.

In einer Pfanne
1 EL THOMY Sonne & Olive heiß werden lassen. Zwiebeln und Salami darin anbraten.
200 ml Wasser zugießen.
1/2 EL MAGGI Bouillon Mediterranea darin auflösen. Cocktailtomaten zugeben.
100 g Crème fraîche unterrühren.

Die Spaghetti mit der Sauce auf Tellern anrichten und mit Parmesan bestreut servieren.

MAGGI KOCHSTUDIO
Ernährungsinfo:

Je Portion:
B: 2983 kJ (708 kcal)
N: E 26 g, KH 77 g, F 32 g

Penne mit Spargel-Schinken-Sauce

4 Portionen

Zubereitungszeit: 30 Min.

200 g BUITONI Penne Rigate nach Anweisung auf der Packung zubereiten und abtropfen lassen.
500 g Spargel, grün waschen, evtl. das untere Drittel schälen und schräg in 3 cm lange Stücke schneiden.

	In einem Topf
1 l Wasser	mit
Fondor	
1/2 TL Zucker	und
10 g Butter	zum Kochen bringen, Spargel zugeben und 5 Min. kochen. Herausnehmen und abtropfen lassen.
1 Zwiebel	schälen und in kleine Würfel schneiden.
100 g Schinken, gekocht	in dünne Streifen schneiden.
	In einer Pfanne
25 g Butter	heiß werden lassen und Zwiebel und Schinken darin andünsten.
125 ml Wasser, kalt	zugießen.
1 Beutel MAGGI Meisterklasse Sauce Hollandaise	mit dem Schneebesen einrühren und unter Rühren zum Kochen bringen.
100 g Butter	in Stücke schneiden und bei geringer Wärmezufuhr gut unterschlagen, bis sie geschmolzen ist. Sofort von der Kochstelle nehmen. Mit
Pfeffer a. d. Mühle	würzen und abschmecken.
	Nudeln mit dem Spargel und der Sauce mischen und auf Tellern anrichten.

MAGGI KOCHSTUDIO
Ernährungsinfo:

Je Portion:
B: 2200 kJ (523 kcal)
N: E 15 g, KH 43 g, F 32 g

Feine Geflügelpasta

2 Portionen

Zubereitungszeit:	20 Min.
200 g Hähnchenbrustfilets	waschen, trocken tupfen und in Streifen schneiden.
150 g Broccoli, tiefgefroren	auftauen, waschen und in Röschen teilen.
2 Möhren	putzen, waschen, schälen und in Stifte schneiden.
1 Stange Lauch, klein	putzen, waschen und in dünne Ringe schneiden.
	In einer Pfanne
1 EL THOMY Reines Sonnenblumenöl	heiß werden lassen. Das Fleisch darin anbraten, aus der Pfanne nehmen.
250 ml Wasser	zugießen.
1 Beutel MAGGI Fix für Rahm-Geschnetzeltes	einrühren, zum Kochen bringen. Fleisch, Broccoli und Möhren zugeben und zugedeckt ca. 5 Min. garen. Die Lauchstreifen zugeben und in der Sauce heiß werden lassen
125 g BUITONI Tagliatelle	nach Anweisung auf der Packung zubereiten.
	Die Nudeln mit der heißen Sauce mischen und auf Tellern anrichten.
4 EL Parmesan, gerieben	darüber streuen und servieren.
	Tipp: Servieren Sie dazu Salat.
MAGGI KOCHSTUDIO Ernährungsinfo:	mit Ballaststoffen / mit Sonnenblumenöl — *Je Portion: B: 2640 kJ (629 kcal) N: E 43 g, KH 65 g, F 21 g*

Nudel-Pfanne »Gyros«

4 Portionen

Zubereitungszeit: 35 Min.

600 g Putenbrustfilet waschen, trocken tupfen und in Streifen schneiden.
1 Beutel MAGGI Fix für Pfannen-Gyros mit
2 EL THOMY Reines Sonnenblumenöl mischen. Die Putenbrust-Streifen zugeben und mischen.
100 g Schafskäse in Würfel schneiden.

In einer Pfanne
1 EL THOMY Reines Sonnenblumenöl heiß werden lassen. Die Putenbrust-Streifen darin ca. 5 Min. braten.
200 ml Weißwein zugießen. Bei geringer Wärmezufuhr ca. 10 Min. kochen. Dabei gelegentlich umrühren.
200 ml Sahne, süß zugießen und heiß werden lassen. Schafskäse zugeben.
400 g BUITONI Penne Rigate nach Anweisung auf der Packung zubereiten.

Penne Rigate mit dem Putengyros auf Tellern anrichten und servieren.

MAGGI KOCHSTUDIO
Ernährungsinfo:

Je Portion:
B: 3584 kJ (853 kcal)
N: E 53 g, KH 78 g, F 32 g

Nudeln indisch-fruchtig

4 Portionen

Zubereitungszeit:	25 Min.
400 g BUITONI Farfalle	nach Anweisung auf der Packung zubereiten.
400 g Hähnchenbrustfilet	waschen, trocken tupfen und in Streifen schneiden. Mit
MAGGI Würzmischung 3 – pikantes Geflügel	würzen.
3 EL Mandelblättchen	in einer Pfanne ohne Fett rösten und herausnehmen.
1 EL THOMY Reines Sonnenblumenöl	in der Pfanne heiß werden lassen und das Hähnchenbrustfilet darin bei mittlerer Wärmezufuhr ca. 5 Min. braten.
500 ml Wasser	zugießen und zum Kochen bringen.
1 Doppelpackung MAGGI Delikatess Currysoße	einrühren und aufkochen lassen.
1 Dose (425 ml) LIBBY'S Fruchtcocktail	abtropfen lassen und zugeben.
2 EL Zitronensaft	zufügen.

Die Nudeln mit dem Geflügel und der Soße auf Tellern anrichten und mit den Mandelblättchen bestreuen.

MAGGI KOCHSTUDIO Ernährungsinfo:

Fettarmes Rezept

Je Portion:
B: 2622 kJ (618 kcal)
N: E 37 g, KH 92 g, F 10 g

Tortelloni mit Putenbrust und Erbsen

3 Portionen

Zubereitungszeit:	30 Min.
1 Zwiebel	schälen und in Würfel schneiden.
150 g Putenbrust, geräuchert	in dünne Streifen schneiden.
150 g Erbsen, tiefgefroren	auftauen lassen.
	In einem Topf
20 g Butter	heiß werden lassen. Zwiebeln, Putenbrust und Erbsen darin andünsten.
250 ml Sahne, süß	zugießen und zum Kochen bringen.
1 TL MAGGI Klare Hühner-Bouillon	darin auflösen. Mit
Pfeffer, frisch gemahlen	würzen und abschmecken.
	In einem Topf
2 Packungen (à 250 g) BUITONI Fresco Tortelloni Ricotta e Spinaci	nach Anweisung auf der Packung zubereiten, abgießen und abtropfen lassen.
	Die Tortelloni mit der Sauce auf Tellern anrichten und mit
3 EL Parmesan, gerieben	garniert servieren.
MAGGI KOCHSTUDIO Ernährungsinfo:	*Je Portion:* *B: 3299 kJ (756 kcal)* *N: E 25 g, KH 67 g, F 46 g*

Tagliatelle mit Entenbrust in Cidre-Soße

4 Portionen

Zubereitungszeit:	55 Min.
1 Zwiebel	schälen und in Würfel schneiden.
150 g Möhren	und
100 g Sellerieknolle	putzen, waschen, schälen und in Streifen schneiden.
1 Apfel	waschen, schälen, halbieren, Kerngehäuse entfernen und in Würfel schneiden.
	In einem Topf
2 EL THOMY Reines Sonnenblumenöl	heiß werden lassen. Möhren, Sellerie und Zwiebel ca. 4 Min. darin andünsten.
1 EL Zucker	darüber streuen und ca. 3 Min. karamellisieren lassen.
200 ml Apfel-Cidre	und
3 EL Zitronensaft	zugießen und zum Kochen bringen. Apfelwürfel zugeben.
250 ml Wasser	zugießen.
1 Päckchen MAGGI Delikatess Soße zu Geflügel	einrühren und aufkochen.
100 ml Sahne, süß	und
1 EL Senf, grobkörnig	zugeben.
2 (à 250 g) Entenbrustfilets	waschen, trocken tupfen und die Haut rautenförmig einschneiden. Mit
MAGGI Würzmischung 1 – gebratenes Fleisch	würzen.
	In einer Pfanne
1 EL THOMY Reines Sonnenblumenöl	heiß werden lassen. Die Entenbrustfilets auf der Hautseite ca. 3 Min. bei hoher Wärmezufuhr braten, dann wenden und ca. 10 Min. fertig braten. Herausnehmen und in Streifen schneiden.
400 g BUITONI Tagliatelle	nach Anweisung auf der Packung zubereiten.
	Die Tagliatelle mit der Soße und dem Fleisch auf Tellern anrichten und servieren.
MAGGI KOCHSTUDIO Ernährungsinfo:	mit Sonnenblumenöl *Je Portion:* *B: 3766 kJ (895 kcal)* *N: E 36 g, KH 92 g, F 40 g*

Tagliatelle mit Estragon Pesto und Hähnchenbrustfilet

4 Portionen

Zubereitungszeit:	40 Min.
1/2 Bund Estragon	waschen, Blättchen von den Stielen zupfen und klein schneiden.
80 g Parmesan	in Würfel schneiden.
1 Knoblauchzehe	schälen. Mit Estragon, Parmesan,
100 g Kürbiskerne	und
150 ml THOMY Reines Sonnenblumenöl	im Blitzhacker zu einer homogenen Masse verarbeiten.
300 g Hähnchenbrustfilet	waschen, trocken tupfen und mit
MAGGI Würzmischung 3 – pikantes Geflügel	würzen.
	In einer Pfanne
2 EL THOMY Reines Sonnenblumenöl	heiß werden lassen. Hähnchenbrustfilets von jeder Seite ca. 4 Min. anbraten. Bei geringer Wärmezufuhr ca. 15 Min. zugedeckt garen. Hähnchenbrustfilet aus der Pfanne nehmen und warm halten.
250 ml Wasser	in die Pfanne gießen.
1 Päckchen MAGGI Delikatess Soße zu Geflügel	einrühren und zum Kochen bringen.
400 g BUITONI Tagliatelle	nach Anweisung auf der Packung zubereiten.

Tagliatelle mit Estragonpesto mischen und auf Tellern anrichten. Hähnchenbrustfilet in Scheiben schneiden und mit der Sauce zu den Tagliatelle reichen.

MAGGI KOCHSTUDIO
Ernährungsinfo:

Je Portion:
B: 4446 kJ (1064 kcal)
N: E 42 g, KH 78 g, F 64 g

Penne mit Krabben

4 Portionen

Zubereitungszeit:	25 Min.
400 g BUITONI Penne Lisce	nach Anweisung auf der Packung zubereiten.
600 g Krabben, tiefgefroren	auftauen lassen, waschen und trocken tupfen. Mit
MAGGI Würzmischung 4 – knackige Salate	würzen.
1 Fenchelknolle	putzen, waschen und in Streifen schneiden.
2 Knoblauchzehen	schälen und in kleine Würfel schneiden.
	In einer Pfanne
2 EL THOMY Reines Sonnenblumenöl	heiß werden lassen. Die Krabben ca. 2 Min. bei mittlerer Wärmezufuhr anbraten und herausnehmen. Den Fenchel mit dem Knoblauch in die Pfanne geben und darin andünsten. Mit
MAGGI Würzmischung 4 – knackige Salate	würzen. Krabben und Nudeln zugeben und heiß werden lassen.
	Die Penne auf Tellern anrichten und servieren.

MAGGI KOCHSTUDIO
Ernährungsinfo:

Je Portion:
B: 2210 kJ (524 kcal)
N: E 34 g, KH 74 g, F 9 g

Penne mit Zander an Safran-Buttersauce

Foto

4 Portionen

Zubereitungszeit:	30 Min.
500 g Zanderfilet	waschen, trocken tupfen und mit
MAGGI Würzmischung 4 – knackige Salate	würzen und mit
1 EL Mehl	bestäuben.
1/2 Bund Dill	und
1/2 Bund Petersilie	waschen, abtropfen lassen und klein schneiden.

	In einem Topf
500 ml Wasser	erwärmen.
2 Beutel MAGGI Meisterklasse Butter-Sauce mit feiner Zitronen-Note	mit dem Schneebesen einrühren, zum Kochen bringen und 1 Min. kochen. Dabei gelegentlich umrühren.
20 g Butter	unterrühren.
1 Messerspitze Safranfädchen	mit Dill und Petersilie zugeben.
400 g BUITONI Penne Rigate	nach Anweisung auf der Packung zubereiten.
	In einer Pfanne
2 EL THOMY Reines Sonnenblumenöl	heiß werden lassen. Den Zander von beiden Seiten bei mittlerer Wärmezufuhr ca. 2 Min. braten.
	Penne Rigate mit dem Fisch und der Sauce auf Tellern anrichten.

MAGGI KOCHSTUDIO
Ernährungsinfo:

Je Portion:
B: 2911 kJ (692 kcal)
N: E 37 g, KH 85 g, F 22 g

Penne mit Lauch und Lachsforelle

3 Portionen

Zubereitungszeit: 30 Min.

250 g BUITONI Penne Rigate nach Anweisung auf der Packung zubereiten.
1 Stange Lauch putzen, waschen und in Streifen schneiden.

In einem Topf
20 g Butter heiß werden lassen und den Lauch andünsten.
3 EL Wasser und
3 Stück Anis zufügen und zugedeckt ca. 8 Min. dünsten.
200 ml Wasser und
50 ml Sahne, süß zugießen und erwärmen.
1 Beutel MAGGI Fix für Tagliatelle in Lachs-Sahne-Sauce einrühren, zum Kochen bringen und 1 Min. kochen.
125 g Lachsforellen-Filets waschen, trocken tupfen und in Würfel schneiden. Zur Sauce geben und ca. 5 Min. garziehen lassen.

Die Sauce mit den Nudeln mischen und servieren.

Servieren Sie dazu einen gemischten Salat.

MAGGI KOCHSTUDIO
Ernährungsinfo: Fettarmes Rezept

Je Portion:
B: 2111 kJ (500 kcal)
N: E 21 g, KH 72 g, F 13 g

Nudelnester mit Lachs und Broccoli

Foto

3 Portionen

Zubereitungszeit: 35 Min.

Backofen auf 200 °C vorheizen.
600 g Broccoli, tiefgefroren auftauen lassen.

In einem Topf
125 ml Wasser heiß werden lassen und die Broccoliröschen darin ca. 10 Min. dünsten.

300 g BUITONI Tagliatelle	nach Anweisung auf der Packung zubereiten und abtropfen lassen.
	Auf ein Backblech 10 Nudelnester setzen. (Nudeln mit einer Gabel zu einem Nest aufdrehen.)
150 g Räucherlachs	in Streifen schneiden, mit den Broccoliröschen auf den Nudelnestern verteilen.
	In einem Topf
1 Beutel MAGGI Meisterklasse Sauce Hollandaise	mit dem Schneebesen in
125 ml Wasser, kalt	einrühren. Unter Rühren zum Kochen bringen.
125 g Butter	in Stücke schneiden und bei geringer Wärmezufuhr gut unterschlagen, bis sie geschmolzen ist. Sofort von der Kochstelle nehmen.
	Die Sauce auf den Nudelnestern verteilen. Im Backofen ca. 10 Min. gratinieren.

MAGGI KOCHSTUDIO
Ernährungsinfo:

Je Portion:
B: 3513 kJ (833 kcal)
N: E 31 g, KH 81 g, F 43 g

Lachs-Cannelloni

4 Portionen

Zubereitungszeit: 50 Min.

Backofen auf 200 °C vorheizen.

500 g Lachs-Filet waschen und trocken tupfen. Die Menge halbieren. Eine Hälfte in größere Würfel, die andere Hälfte in 0,5 cm große Würfel schneiden.

Mit **MAGGI Würzmischung 1 – gebratenes Fleisch** würzen.

Die großen Lachswürfel im Blitzhacker pürieren. Nach und nach **150 ml Sahne, süß** zufügen. Die kleinen Lachswürfel unter die Lachsmasse mischen. Die Masse mit einem Löffel in **16 Stück Cannelloni** füllen. Die Cannelloni in eine Auflaufform legen.

250 ml Sahne, süß
250 ml Milch und
300 ml Wasser mit
2 Beutel MAGGI Fix für Lachs-Sahne-Gratin verrühren und über die Cannelloni gießen.

Mit **50 g Mozzarella, gerieben** bestreuen und im Backofen ca. 35 Min. garen.

Servieren Sie dazu einen Blattsalat.

MAGGI KOCHSTUDIO Ernährungsinfo:

Je Portion:
B: 2963 kJ (707 kcal)
N: E 34 g, KH 40 g, F 45 g

Thunfisch mit Spaghetti

4 Portionen

Zubereitungszeit:	40 Min.
1 Chilischote, rot	waschen, Kerne und weiße Innenhäute entfernen und in Streifen schneiden.
1 Eiweiß	mit einem Schneebesen ca. 1 Min. schaumig schlagen.
400 g Thunfisch-Filet	waschen, trocken tupfen, in Würfel schneiden und mit
MAGGI Würzmischung 4 – knackige Salate	würzen. Thunfisch durch das Eiweiß ziehen und in
75 g Kokosraspeln	wenden.
500 g BUITONI Spaghetti	nach Anweisung auf der Packung zubereiten.
	In einem Topf
250 ml Wasser	heiß werden lassen.
1 Beutel MAGGI Fix für China-Pfanne »Chop Suey«	einrühren, zum Kochen bringen und bei geringer Wärmezufuhr 5 Min. kochen. Dabei gelegentlich umrühren.
200 ml Kokosmilch	zugießen und Chilischote zugeben.
	In einer Pfanne
4 EL THOMY Reines Sonnenblumenöl	heiß werden lassen. Thunfisch darin ca. 2 Min. bei mittlerer Wärmezufuhr braten.
	Die Nudeln mit der Sauce mischen und mit dem Thunfisch auf Tellern anrichten.
MAGGI KOCHSTUDIO Ernährungsinfo:	*Je Portion:* *B: 3920 kJ (931 kcal)* *N: E 39 g, KH 100 g, F 41 g*

Pasta mit Lachs und Linsen-Sauce

Foto

4 Portionen

Zubereitungszeit:	45 Min.
500 g Lachs-Filet, tiefgefroren	auftauen lassen, waschen und trocken tupfen. Mit
MAGGI Würzmischung 4 – knackige Salate	würzen.
1 Zwiebel	schälen und in kleine Würfel schneiden.

	In einem Topf
1 l Wasser	zum Kochen bringen.
1 Würfel MAGGI Klare Gemüse Brühe	darin auflösen.
200 g Linsen, rot	zugeben, ca. 15 Min. garen, anschließend auf einem Sieb abtropfen lassen.
	In einem Topf
1 EL THOMY Reines Sonnenblumenöl	heiß werden lassen. Die Zwiebel darin andünsten. Linsen zugeben.
200 ml Wasser	und
50 ml Sahne, süß	zugießen.
1 Beutel MAGGI Fix für Tagliatelle in Lachs-Sahne-Sauce	einrühren und zum Kochen bringen.
	In einer Pfanne
1 EL THOMY Reines Sonnenblumenöl	heiß werden lassen. Den Lachs darin von beiden Seiten ca. 3 Min. braten.
400 g BUITONI Farfalle	nach Anweisung auf der Packung zubereiten. Die Farfalle mit der Soße und dem Lachs auf Tellern anrichten und servieren.

MAGGI KOCHSTUDIO
Ernährungsinfo:

Je Portion:
B: 3420 kJ (813 kcal)
N: E 48 g, KH 105 g, F 21 g

Penne »Carbonara« mit Räucherforelle

3 Portionen

Zubereitungszeit:	20 Min.
250 g BUITONI Penne Lisce	nach Anweisung auf der Packung zubereiten.
	In einem Topf
1 Beutel MAGGI Fix für Spaghetti alla Carbonara	mit
250 ml Wasser, kalt	einrühren, zum Kochen bringen und 1 Min. kochen.
50 ml Sahne, süß	unterrühren.
125 g Forellen-Filets, geräuchert	in Stücke schneiden und darin heiß werden lassen.
1/2 Bund Rucola	putzen, waschen und in mundgerechte Stücke zerpflücken. Die Penne mit der Soße anrichten und mit Rucola bestreut servieren.
MAGGI KOCHSTUDIO Ernährungsinfo:	Fettarmes Rezept *Je Portion:* *B: 1735 kJ (410 kcal)* *N: E 20 g, KH 66 g, F 7 g*

Linguine mit Riesengarnelen in Koriander-Sahne-Sauce

Foto

4 Portionen

Zubereitungszeit:	40 Min.
500 g BUITONI Linguine	nach Anweisung auf der Packung zubereiten.
300 g Shiitakepilze	putzen und in Streifen schneiden.
250 g Riesengarnelen, roh, geschält	waschen, trocken tupfen und den Darm entfernen. Mit
MAGGI Würzmischung 3 – pikantes Geflügel	und
Kreuzkümmel	würzen.

	In einer Pfanne
2 EL THOMY Sonne & Olive	heiß werden lassen und die Riesengarnelen und die Shitakepilze ca. 3 Min. braten.
5 Stück (ca. 5 cm) Ingwer, frisch	schälen und fein reiben.
1 Bund Koriander	waschen und klein schneiden.
	In einem Topf
400 ml Wasser	und
100 ml Sahne, süß	erwärmen. Ingwer zufügen.
2 Beutel MAGGI Fix für Tagliatelle in Lachs-Sahne-Sauce	einrühren, zum Kochen bringen und 1 Min. kochen. Pilze und Riesengarnelen zugeben und heiß werden lassen.
	Die Linguine mit der Sauce mischen und mit Koriander garniert servieren. Servieren Sie dazu Tomatensalat.

MAGGI KOCHSTUDIO
Ernährungsinfo: fettarmes Rezept

Je Portion:
B: 3282 kJ (778 kcal)
N: E 32 g, KH 117 g, F 21 g

Frutti di Mare

4 Portionen

Zubereitungszeit:	35 Min.
400 g BUITONI Spaghetti	nach Anweisung auf der Packung zubereiten.
2 Schalotten	schälen und in Würfel schneiden.
2 Knoblauchzehen	schälen und in kleine Würfel schneiden.
1 Bund Schnittlauch	waschen und in Röllchen schneiden.
	In einem Topf
2 EL THOMY Reines Sonnenblumenöl	heiß werden lassen. Schalotten und Knoblauch bei mittlerer Wärmezufuhr glasig dünsten.
400 g Meeresfrüchte-Mischung »Frutti di Mare«, tiefgefroren	zugeben und ca. 5 Min. mitdünsten.
400 ml Wasser	zugießen.
2 Beutel MAGGI Fix für Tagliatelle in Lachs-Sahne-Sauce	einrühren.
100 ml Sahne, süß	zugießen. Schnittlauch und
2 EL Grapefruitsaft	zufügen.
50 g Parmesan, frisch gerieben	Spaghetti mit der Sauce auf Tellern anrichten und mit bestreut servieren.
MAGGI KOCHSTUDIO Ernährungsinfo:	*Je Portion:* *B: 2816 kJ (668 kcal)* *N: E 26 g, KH 89 g, F 22 g*

Mit MAGGI macht das Kochen Spaß!

Rund um den Kochtopf macht uns so schnell keiner was vor. Denn wir vom Maggi Kochstudio – ein Team von ausgebildeten hauswirtschaftlichen Beraterinnen – bieten Ihnen seit über 40 Jahren Hilfestellungen in Fragen der richtigen Ernährung und des zeitgemäßen Kochens. Auch was kulinarische Trends betrifft, sind wir immer auf dem neuesten Stand.

Egal, ob Ihre Soße nicht sämig wird, Sie sich fragen, was Sie morgen kochen sollen, oder wissen wollen, ob und wann Kohlenhydrate dick machen – als Beratungs- und Serviceeinrichtung stehen wir Ihnen mit Rat und Tat zur Seite. Darüber hinaus haben wir stets neue Rezepte, interessante Tipps und Anregungen für Sie parat. Fachliche Kompetenz, eine umfangreiche Bibliothek rund ums Kochen und moderne Küchen zum Erproben unserer neuesten Rezept-Ideen machen es möglich.

Genießen online

Auf www.maggi.de finden Sie über 4.500 Rezepte und interessante Infos zum Thema Kochen und Genießen.

MAGGI Kochstudio Treff

Erleben Sie das Maggi Kochstudio hautnah und lassen Sie sich von immer neuen Rezepten, kreativen Ideen und vielem mehr inspirieren.

MAGGI Kochstudio Treff Frankfurt

Neue Kräme 27
Telefon: 069/91 39 93 22
Fax: 069/91 39 93 23

MAGGI Kochstudio Treff Leipzig

Petersbogen, Petersstraße 36-44
Telefon: 03 41/1 49 77 74
Fax: 03 41/1 49 77 75

MAGGI Kochstudio Treff Hamburg

Bergstraße 17, Ecke Jungfernstieg
Telefon: 040/30 38 17 03
Fax: 040/32 37 40

Maggi
KOCHSTUDIO
hilft, berät, gibt Tipps

60523 Frankfurt am Main, Telefon: 069/66 71 28 41, Mo. bis Fr. von 8:00 bis 17:00 Uhr

Ein Tipp, der wunderbar „al dente" ist:

Werden Sie Mitglied im MAGGI KOCHSTUDIO CLUB!

Sie möchten Ihre Familie nicht nur mit leckeren italienischen Momenten immer wieder von Neuem überraschen? Dann werden Sie doch für nur 12,27 EUR Mitglied im MAGGI KOCHSTUDIO CLUB. Denn so kommen Sie 365 Tage im Jahr in den Genuss internationaler Ideen, Tipps und Anregungen aus dem MAGGI KOCHSTUDIO. Zum Beispiel mit dem dreimal jährlich erscheinenden MAGGI KOCHSTUDIO CLUB Magazin voller neuer Rezept-Ideen, passend zur Saison. Oder durch das jährlich versendete Probier-Paket mit vielen MAGGI Neuheiten und Rezept-Broschüren. Oder ganz individuell und direkt: durch unsere persönliche Beratung am gebührenfreien Telefon.

Die CLUB-Vorteile:

- 3x im Jahr das CLUB-Magazin mit vielen neuen Rezepten, raffinierten Dekorations-Ideen, jeder Menge Tipps und Tricks, praktischen Schritt-für-Schritt-Anleitungen, Neuigkeiten…
- 1x jährlich ein gut gefülltes Probier-Paket mit den neuesten MAGGI Produkten und interessanten Rezept-Broschüren
- Individuelle Beratung am gebührenfreien CLUB-Telefon
- Persönliche CLUB-Karte mit der gebührenfreien CLUB-Telefonnummer
- Exklusive Einkaufsmöglichkeit im CLUB-Shop
- Jährliches Dankeschön für Ihre Treue
- Keinerlei Kauf- oder Bestellverpflichtung
- Kündigung jederzeit möglich

Das Probier-Paket (Beispiel)

Das CLUB-Magazin

Auch als Geschenk immer eine tolle Idee

Die Geschenkmitgliedschaft ist eine besonders originelle Geschenk-Idee – sogar wenn Sie selbst gar kein CLUB-Mitglied sind: Für nur **12,27 EUR** kommt der Beschenkte gleich ein ganzes Jahr in den Genuss aller CLUB-Vorteile. Und das Beste: Auch Sie erhalten, als kleines Dankeschön, das gut gefüllte MAGGI Probier-Paket.

Melden Sie sich heute noch an unter: 069/66 71-20 99 oder www.maggi.de

Bildnachweis
Fotos: MAGGI KOCHSTUDIO

Herausgeber: MAGGI KOCHSTUDIO

www.tretorri.de

Idee, Konzeption und Umsetzung:
CPA! Communications- und Projektagentur GmbH, Wiesbaden
www.cpagmbh.de

Fotografie: Peter Schulte, Hamburg/Marco Grundt, Hamburg
Buchgestaltung: Michael Kasper Visuelle Kommunikation, Emmelshausen
Satz: Buch-Werkstatt GmbH, Bad Aibling
Reproduktion: Lorenz & Zeller, Inning am Ammersee
Druck & Bindung: Passavia Druckservice GmbH, Passau

Printed in Germany

ISBN: 3-937963-11-1

Weitere Bücher
aus dem Maggi Kochstudio

ISBN 3-937963-00-6

ISBN 3-937963-01-04

ISBN 3-937963-02-02

ISBN 3-937963-13-8

Maggi
KOCHSTUDIO